Binalaybay

Ancel Mondia

Ukiyoto Publishing

All global publishing rights are held by

Ukiyoto Publishing

Published in 2023

Content Copyright © Ancel Mondia

ISBN 9789359206912

*All rights reserved.
No part of this publication may be reproduced,
transmitted, or stored in a retrieval system, in any
form by any means, electronic, mechanical,
photocopying, recording or otherwise, without the
prior permission of the publisher.*

The moral rights of the authors have been asserted.

*This is a work of fiction. Names, characters,
businesses, places, events, locales, and incidents are
either the products of the author's imagination or
used in a fictitious manner. Any resemblance to
actual persons, living or dead, or actual events is
purely coincidental.
This book is sold subject to the condition that it shall
not by way of trade or otherwise, be lent, resold,
hired out or otherwise circulated, without the
publisher's prior consent, in any form of binding or
cover other than that in which it is published.*

www.ukiyoto.com

Contents

Pandemya	1
Ilonggo Kontra COVID-19	2
Pagsaludo sa Frontliner	4
Sa Pila Ka Adlaw	6
Gugma sa Tion sang Pandemya	8
Paglaum sa Tunga sang Krisis	10
Pagkalisod	13
Paghimutig	14
Pagkaugot	15
Pag-ayu	16
Pagpangasubo	17
Pagbaton	18
Dunang Manggad	19
Dululungan kag Ululupod sa Pagbangon	20
Kababaihan	23
Bulan sang mga Kababaihan	24
Kahilwayan	25
Kahilwayan	26
Tubig	28
Tusmug, Langoy, Salum, Butwa, Takas	29

About the Author 31

Pandemya

Binalaybay

Ilonggo Kontra COVID-19

Makahalalit nga epekto sang balatian aton naaguman,
Kabudlay sang krisis nga dulot sini aton nabatyagan;
Apang sa aton pagbato sa COVID-19 nga epidemya,
Indi gid kita mapirde bangud mga Ilonggo kita.

Sa aton mga kamot ang paglutos sa amo nga sakit,
Kita mismo ang magapugong sa dala sini nga halit;
Balatian nga makahaladlok kag makamamatay,
Madula gid lang sa padayon naton nga pakig-away.

Kita nga mga Ilonggo nagapati sa gobyerno,
Bangud para sa aton nga ikaayo ang ila nga mando;
Paagi sa pagtinir sa aton nga mga panimalay,
Pagasabton sang Ginoo ang aton nga pangabay.

Ang aton mga pangamuyo ang magaprotekta sa aton,
Ang sabat sa sini nga krisis amo ang kaalam nga langitnon;

Kita nga mga Ilonggo nga may himpit nga pagtuo,
Pagabuligan sang aton maluluy-on nga gamhanan nga Ginoo.

COVID-19 ka lang! Mga Ilonggo kami!
Ikaw ang mapatay! Mapabilin kami nga buhi!
Sa katapusan, kami ang mangin madinalag-on,
Sa imo pagtumba, kami gilayon nga magabangon.

Pagsaludo sa Frontliner

Sa pagtuhaw sang krisis nga tuga sang coronavirus,
Bug-os nga katawhan sarama nga nagaantos;
Ang taga-isa sa aton sa panimalay ginapatinir,
Samtang padayon sa pagserbisyo ang mga frontliner.

Ginataya nila ang ila kabuhi sa mga katalagman,
Matuod nga sakripisyo ang ila mga binuhatan;
Sila ang mga persona nga nasa patag sang syensya,
Pati ang mga nagaobra sa gobyerno kag medya.

Sila may kaugalingon man nga pamilya kag pinalangga,
Apang para sa kadam-an, pagresgo ang ginpili nila;
Ila ginapanindugan ang posisyon nga ginsumpaan,
Padayon sila sa paghimo sang ila mga katungdanan.

Agud masalbar sa epidemya ang aton mga komunidad,

Ila ginatuman ang ila gin-aku nga mga responsibilidad;

Sa piyak sang kahadlok kag kakulba nga ila ginabatyag,

Ang aton kadalag-an sa krisis ang luyag nila ipahayag.

Kamo nga mga frontliner, amon gid nga ginasaludo,

Sa inyo serbisyo kag sakripisyo, salamat nga madamo;

Ang inyo nga kabudlay mangin tuman nga mapinuslanon,

Ang kaayadan sang katilingban aton gid nga maangkon.

Sa Pila Ka Adlaw

Sa subong nga panyempo, nagakabuhi kita sa tatlo ka M nga letra,

Nga ang buot silingon, manghinaw, mag-face mask, kag magdistansya;

Apang sa pagpadayon sang sini nga kahimtangan para maghalong,

Wala man sa gihapon nadiskubre ang para sa COVID-19 nga bulong.

Maabot pa ayhan ang ti-on nga mabalik kita sa normal nga sitwasyon?

Nga kita nga katawhan mahilway na nga magkinasadya kag magtililipon?

San-o maabot ang panahon nga liwat mangin matawhay ang pagpakig-impon?

Nagakasiguro ako, ang pamangkot nga ini ang luyag naton nga pagasabton.

Sa pila ka adlaw, makaptan mo ang akon kamot bisan indi gilayon makapanghinaw,

Sa pila ka adlaw, makasugilanon kita nga makita ang mga yuhom kag pagkadlaw;

Sa pila ka adlaw, magapalapit kita sa isa kag isa sa idalom sang adlaw nga makasililaw,

Tanan ini mahimo nga matabo paagi sa gugma sang Dios nga nagapangibabaw.

Magahulat kag magasalig kita nga ang ti-on sang kaayadan sa aton magaabot,

Nga kita makahaksanay sa matam-is nga kadalag-an nga aton nga malab-ot;

Ang kalisod kag kahidlaw nga ginabatyag naton tungod sa sini nga pagtilaw,

Magapanas sang gilayon, ini akon pamat-ud nga matabo, sa pila ka adlaw.

Gugma sa Tion sang Pandemya

Sa sini nga Pebrero, bulan sang paghigugma,
Nagasakripisyo gihapon tungod sa pandemya;
Nagakabalaka sa kaugalingon kag isigkatawo,
Sa sini nga tion nga daw wala sang pagbag-o.

Indi makahakos kag makahalok sa pinalangga,
Importante nga maayo gid ang kalawasan nila;
Pasalamat sa Dios nga padayon sila nga buhi,
Subong naton nga sitwasyon mahangpan tani.

Gugma nga matam-is kaangay sang tsokolate,
Sang pandemya indi gid mahimo nga mapirde;
Gugma nga matahom katulad sang kabulakan,
Indi madula sa krisis nga daw wala katapusan.

Sa sini nga Pebrero ang taga-isa mangamuyo,
Ang aton ginahigugma nga kalibutan mag-ayo;
Ang solusyon sa krisis subong sang katawhan,
Pagpalangga gid nga nagagikan sa kalangitan.

Paglaum sa Tunga sang Krisis

Ang pamangkot sang tanan, tubtob san-o kag dangat diin,

Ang aton nga pagpakig-away sa epidemya nga COVID-19?

Indi lang ang pisikal nga kalawasan ang dapat nga bantayan,

Kundi pati ang aton mental nga kondisyon dapat gid halungan.

Sa aton isigkatawo, nagakadapat gid lang nga kita magdistansya,

Agud malikawan ang coronavirus sa padayon nga paglapta;

Apang sa aton pagprotekta sa aton lawas sa mapintas nga balatian,

Sang kabalaka kag kahadlok, nagakapuno ang aton mga kaisipan.

Nagakabalaka kita bangud basi matapikan sang sakit nga makalalaton,

Nga magaresulta sa aton nga pag-antos kag masubo nga kamatayon;

Nagakahadlok kita tungod basi ang aton mga pinalangga malatnan,

Nga kita ila nga pagabayaan tungod sa ila masakit nga pagtaliwan.

Kabay pa nga indi kita mangin desperado sa krisis nga ginaatubang,

Sa problema sang kalibutan, ang depresyon indi na magdugang;

Magkabuhi kita sa ispiritwal nga pamaagi, sa pagbalik sa mahal nga Dios,

Magapati kita sa Iya gahom nga magapanas sa COVID-19 sang lubos.

Sa ti-on sang krisis, nagakadapat nga pabakuron naton ang aton buot,

Ang kadalag-an naton sa amo nga pagtilaw sa ulihi aton gid nga malab-ot;

Pasangkaron naton ang aton paminsaron nga ang sakit may katapusan,

Sang pagtuo kag paglaum, kita nga katawhan indi gid mawad-an.

Pagkalisod

Paghimutig

Nataktak ang sinipad sang bulak
Nagtulo ang likido sang alak
Ginpahulam nga hangin gin-agaw
Sa mata kasanag ginpalikaw

Hapdi ginpanas sa paminsaron
Kag ginlumos sa tagipusuon
Kamatuoran akon gintakpan
Sang umalagi nga kabutigan

Pagkaugot

Pagtunod sang adlaw natigayon
Bulan nagtuhaw sa kagab-ihon
Landong sang pagpamahog naglapta
Kalag sang kaakig nagpatunga

Ang huya nagbaylo sa kaisog
Nagngurob sang matunog ang tingog
Apang naghutik ang pagkalutos
Sa kalayo sang sakit naupos

Pag-ayu

Panganod naglabay sang mahinay
Ang luha nagbuhos nga daw busay
Ginpana sang kakulba ang dughan
Sang may kabuhi nga kadutaan

Ang kasal-anan akon ginsikway
Kakugmat ang nagkumos sa dagway
Tudlo sang pagbasol nagatuon
Sa natunaw nga kaugalingon

Pagpangasubo

Mapait nga ulan ginpatilaw
Sa dila sang tinuga nga uhaw
Paglaum nabara sa tutonlan
Indi masinggit sa kalangitan

Kaangay sang ulipon sang droga
Balatyagon nga indi madula
Tinaga akon lang ginahibi
Bulag nga kalibutan ang saksi

Pagbaton

Adlaw sang kaagahon nagbutlak
Kinaalam ginhayag sang silak
Ako nangin balangaw ang duag
Kadulom sang palibot nadagdag

Gugma nga wala nagakaubos
Sa akon naghalok kag naghakos
Ang gindeklara sang kadalag-an
Ako ang tahom sang kahawaan

Dunang Manggad

Dululungan kag Ululupod sa Pagbangon

Ginhumlad ko ang akon kamot kag ang ulan nagtulo sa akon palad,

Nagsulod sa kaisipan ko ang tanan nga sa katawhan imo ginhalad;

Apang nagakalisod ka kaupod ang mga pispis nga indi makalupad,

Bangud ang imo nga katahom nangin parte na lang sang nagligad.

Diin na nagkadto ang mga isda nga naglangoy sa mga kadagatan?

Ginbuslan sang mga plastik kag kemikal nga naghalin sa katawhan.

Diin na nagkadto ang mga puno nga puluy-an sang mga kasapatan?

Ginbuslan sang semento kag establisyemento nga palangabuhi-an.

Nangin maalwan ka sa amon apang kami nga tawo nangin sakon,

Ikaw ang naghatag sang manamit kag masustansya nga pagkaon;

Malipayon ka sa pagtinguha nga kami nga mga tawo imo buhi-on,

Apang sa baylo ikaw amon gin-abusaran sa malawig nga panahon.

Nagdangat na sa punto nga ang imo nga klima indi na mahangpan,

Ang imo guya nga amo ang kalibutan nangin mainit na sang tuman;

Ang mga malain nga unos nga nagaabot sa amon indi na mapaktan,

Ang amon nga kasakit dulot bala sang imo kaakig nga nabatyagan?

Palihog pasayluha kami sa amon nangin kapintas bilang mga tawo,

Hatagi kami sang kahigayunan nga pagpalangga ang ibalos sa imo;

Pasugtan naton ang pilas nga gintuga sa isa kag isa nga mag-ayo,

Agud ang relasyon sang katawhan kag sang kalikasan magbag-o.

Indi na kami maglapta sang basura kag magtuga sang polusyon,

Untaton na namon ang sa imo makapaguba nga mga buluhaton;

Dululungan, ululupod kita tanan sa paghulag nga may kapag-on,

Ang katawhan kag kalikasan mangin isa padulong sa pagbangon.

Gin-alsa ko ang akon tudlo sa kalangitan sang nag-untat ang ulan,

Nagtuhaw ang matahom nga balangaw sa akon nga panan-awan;

Ginkabig ko nga senyales sang nagahilapit naton nga kadalag-an,

Ang amo nga pagbalik sang katahom sang aton iloy nga kalikasan.

Kababaihan

Bulan sang mga Kababaihan

Marso, bulan sang mga kababaihan
Ti-on nga ang abuso paga-untatan
Ang mga pagmaltrato pagalikawan
Pagpakanubo hatagan katapusan

Marso, bulan sang mga kababaihan
Sang importansya sila pagahatagan
Ang mga hinimuan pasalamatan
Kabigon mga katupong nga katawhan

Marso, bulan sang mga kababaihan
Pagtib-ong sa ila paga-umpisahan
Ang angkon nila nga tingog pamati-an
Kaalam kag katahom pagasaksihan

Marso, bulan sang mga kababaihan
Iselebrar sa bug-os nga kalibutan
Ikabuhi ang putli nga kaayuhan
Ang tanan ululupod sa kadalag-an

Kahilwayan

Kahilwayan

Aton iselebrar ang kahilwayan sang aton pungsod Pilipinas,

Halin sa nag-ulipon sa aton nga mga dayuhan nga mapintas;

Ang mga bagani nga ginpakigbato ang matarong nga ginlapas,

Aton ipabugal bangud tungod sa ila ang mga Pilipino naluwas.

Sa kadamo sang pag-antos nga gin-aguman sang aton lahi,

Aton nahimo nga magpakabakod sa piyak sang aton paghibi;

Sa ulihi sang tanan, ang aton pungsod nangin independyente,

Ang aton kasaysayan, inspirasyon kag kaisog ang ginaserbe.

Sa pagpigos sang mga estranghero sa aton nga mga ninuno,

Balhas, luha, kag dugo sang pagtuo kag paglaom ang nagtulo;

Ang handom nga kahilwayan nalab-ot paagi sa pagpakigbato,

Gingamit ang kaalam agud ang magdumala kita nga Pilipino.

Hunyo dose ang nagapahanumdom sa aton nga pamatan-on,

Nga maghatag importansya sa mga binuhatan sang kahapon;

Ang amo nga petsa isa sa mga tanda sang aton nga kapag-on,

Protektahan naton ang Pilipinas nga indi na maagaw sa aton.

Tubig

Ancel Mondia

Tusmug, Langoy, Salum, Butwa, Takas

Sa matin-aw nga tubig kita magtusmug
Agud aton mabatyagan ang kaisug
Nga makapamatuod gid sang kabaskug

Sa matin-aw nga tubig kita maglangoy
Agud aton mapahipos ang panaghoy
Nga nagapadugang lamang sang kakapoy

Sa matin-aw nga tubig kita magsalum
Agud aton mahangpan ang pahanumdum
Nga ikabuhi sang tanan ang paglaum

Sa matin-aw nga tubig kita magbutwa
Agud aton nga mapalapnag ang gugma
Nga makapabanhaw gid sa taga isa

Sa matin-aw nga tubig kita magtakas

Agud aton nga mapaayo ang pilas
Nga ginaabandona lamang sang oras

About the Author

Ancel Mondia

Ginkilala bilang Fiction - Woman Writer of the Year sang Ukiyoto Publishing sa tuig 2023.

Binalaybay

www.ingramcontent.com/pod-product-compliance
Lightning Source LLC
LaVergne TN
LVHW041642070526
838199LV00053B/3517